Más cerca de ti

Más cerca de ti

Margarita Muñoz

Círculo Rojo
EDITORIAL

Primera edición: mayo 2025

Depósito legal: AL 4713-2025

ISBN: 979-13-7008-911-5

Impresión y encuadernación: Editorial Círculo Rojo

© Del texto: Margarita Muñoz
© Maquetación y diseño: Equipo de Editorial Círculo Rojo

Editorial Círculo Rojo
www.editorialcirculorojo.com
info@editorialcirculorojo.com

Impreso en España — Printed in Spain

¿Qué es poesía?, dices mientras clavas
en mi pupila tu pupila azul.
¿Qué es poesía? ¿Y tú me lo preguntas?
Poesía… eres tú.

GUSTAVO ADOLFO BÉCQUER

Poemas I

Planeta Tierra

Mirando el color gris del cielo,
reflejado en el mar
del mismo triste tono.

Caminando,
sin dejar señal mis huellas,
en la dura arena de otoño.

Desaparecen las luminosas
pinceladas llenas de colorido.
Más el paisaje, apenas sin alma,
destiñe su largo dolor dormido.

Quizá el maltratado orbe
tenga los días contados.
Los hipócritas e inconscientes
lánguido lo están pintando.

Solo le queda su furia rebelde
intentando defenderse,
arrojando coladas de fuego
y tormentas salvajes de agua y nieve.

Destapemos la cara oculta de la vida.
Busquemos entre los amasijos
de los restos del mundo.

No lo abandonemos
y con las manos abiertas
pintemos, de nuevo,
de color nuestro planeta.

Año de arco iris - 2021

Los colores de la vida
fusionados por amor.

Ese amor
que, no olvidemos,
será más fuerte
si todos vamos
en la misma dirección.

Esa dirección
salvando vidas
con distancia,
desprendiendo
sentimientos
desde el corazón.

Ese corazón,
el nuestro,
el de todos,
que arde en deseos
de abrazarnos
en este nuevo año
sin distancia
y con amor.

Voces poéticas (Rimas y relatos)

Título de mi primer poemario.

V eneraba a las musas
O cultas para que me inspiraran
C omo diosas perfectas.
E sperando me ayudaran,
S upliqué su presencia.

P edí su benevolencia
O freciendo mis estrofas,
E xplicando mis historias,
T extos de mis vivencias.
I mplacables me envolvieron
C on suave delicadeza
A zuzándome el alma,
S ucumbiendo mi consciencia.

R egueros de letras por mi mente
I mparables formando palabras,
M anifiesto de sentimientos
A lbergados en jaulas doradas.
S umida en mis pensamientos.

Y esculpiendo bellos poemas,

R ecopilé en cientos de hojas blancas
E ste poemario de voces poéticas.
L as voces, eco de mi corazón,
A nunciando el deseo de verlas vivas.
T atareándolas igual que una canción
O solo leídas para sentirlas
S iempre parte de nuestras vidas.

Don Quijote de la Mancha

En un lugar de la estantería,
del cual sí quiero acordarme,
encontré un libro de caballería
de don Quijote y Rocinante.

De qué manera más llana
en sus páginas quedé atrapada,
viajando junto al caballero
por todas sus andanzas.

Iba pues, luchando, don Quijote
por los campos de la Mancha,
donde los molinos eran gigantes,
donde le lloraba a su amada.

«¡Oh, Dulcinea, sois mi adorable y bella dama!»,
creyéndose de su amor ser bien merecido.
«¡Vos me quitáis el sentido y me robáis la calma!»,
se lamentaba al no ser correspondido.

Era su fiel escudero Sancho Panza
quien por una promesa dada
en las aventuras de ultranza
sus delirios soportaba.

A la lectura de libros de caballería
le echaban la culpa de su locura,
llegando con toda osadía
a quemárselos por el bien de su cordura.

Mas yo creo en la proclama
de que «leer es cosa sana»,
porque la mente despierta
y llena de armonía el alma.

Amapola

Entre doradas espigas dormidas
descansa una bella flor.
Roja, alada, hermosa
amapola de mi desazón.

Temo te hagan daño,
inocencia de tu condición.
Vendaval de tormenta,
que tu vestimenta deshojó.

Y tú, confiada igual que yo;
gritemos a la humanidad entera:
«Si la naturaleza muere,
el mundo no existió».

Guerra y paz

Éxtasis del delirio concebido
tras los ataques al enemigo.
Humanidad en pozo profundo
por ambiciones sin sentido.

Miedo en las entrañas y ¡siento dolor!
Obscuridad absoluta, ¡sintiendo más dolor!
Vidas destrozas, ¡me quema ya el dolor!
¡Roto el corazón agoniza de dolor mi alma!

Una tregua,
solo pido una tregua en el mundo.

Solo pido una tregua en el mundo
para salvar vidas sesgadas de nuevo,
evitar la destrucción de hogares en luto
para que no continúe este holocausto infinito.

Despleguemos banderas blancas,
soltemos palomas mensajeras en mil vuelos.
Esperanza de realidades cumplidas
por una humanidad de verdaderos acuerdos.

Ilusión en mi corazón sana mi alma
en esa paz eterna tan deseada.

Desinspiración

Mis musas están llorando en el letargo del olvido,
silenciada su melodía, obviando lo vivido.
Revolotean a borbotones palabras sin sentido
de rimas y versos, cual tornado invertido.

¡Clame yo indulgente a las diosas del Olimpo
resuelvan en mi mente este enredado laberinto!

Mis musas evaporan el agua de sus ojos
al recibir en cortejo divinas plegarias.
No son ninfas ni deidades ni Delfos,
son ruegos delirantes desde mis entrañas.

¡Clame yo impasible, ya desde mi delirio,
verter la tinta de mi sangre por conseguirlo!

Mas no despiertan las musas ni los ideales
por más que desde mi garganta les grito.
Ni calmo con templanza mi desasosiego
por más que intento insistente atraerlos.

¡Clame yo el deseo en mi desespero
de tenerlas entre sueños al soñarlas,
si ya ni tan siquiera en vida vivirlas puedo!

Por los cotos

Los mozos con troncos,
hombro con hombro,
codo con codo
por todos los cotos.

Los toros tontos,
los gordos loros,
los potros cojos,
los pocos lobos.

Los gnomos toscos
con pocos cocos.
Horror, horroroso,
yo solo corro.

Los mozos por los cotos
con troncos cortos
son por Toronto
como zoo loco.

Oda al surfista

Abriendo tus brazos alados,
inmensos, energéticos.

Impulsando tus piernas
sobre el pedestal de tu tabla
con potencia descomunal.

Tu elegancia es infinita
dibujando las gigantes olas del mar._

Oda al atardecer

Me asomé a la ventana
de ese atardecer
y me dejé vencer
por su belleza.

¡Vivan los colores
y la grandeza
de la madre naturaleza!

Oda al deshielo de los glaciales

En el glacial de tus aguas heladas.
En la belleza de tu interior azulada.
Por favor, yo te imploro que no te deshagas.

En el mundo en que vivimos,
donde la humanidad manda.
Por conquistar la naturaleza
no importa si tú lo pagas.

Si desapareces, habremos perdido.
Si desapareces, es como si no hubieras existido.
Si desapareces, seguiré llorando
como si nunca te hubiera querido.

Ser de luz

Se duerme para siempre un ángel.
Descalzo, desnuda el alma ante la luz,
afable, translúcido, incorpóreo, feliz.

Ser de bondadoso corazón en la tierra,
en el cielo, estrella del universo.
Nos iluminará las noches oscuras,
sigiloso, en su descanso eterno.

Duelo de amor

Te siento tan cerca
cuando te pienso.
Te veo en mis sueños
tan sumamente real.

Acaricio todo tu cuerpo
cerrando los ojos.
Adoro los momentos vividos,
aunque ya no estás.

Dulce vida, tierna, dócil,
efímera sin pensar.
Con los brazos abiertos
clamo al cielo sin más.

Grito tu nombre.
Grito mi duelo.
Grito al viento
por ti, nuestro amor.

Duelo de amor eterno,
dibujando una sonrisa
cada vez que te siento,
vida, dentro de mi corazón.

Una imagen sin palabras

Unas palabras sin letras.
Unas letras sin vocales.
Unas vocales sin puntos.
Unos puntos sin hilos.
Unos hilos sin lana.
Una lana sin oveja.
Una oveja sin campo.
Un campo sin hierba.
Una hierba sin verde.
Un verde tirando a rosa.

As de corazones

Corazones flotantes,
volátiles,
etéreos,
efímeros,
dispersos,
errantes.
Corazones sin rumbo.

Destino de corazones perdidos
en la niebla de la vida.
Existencia de latidos vacíos.

Poemas II

¿En tu casa o en la mía?

En la zona clímax del querer
donde ni tú ni yo somos conscientes.
Tú aún te empeñas en saber
los pensamientos de mi mente.

Solo dejémonos llevar
por cálidos y extasiados orgasmos.
No pongas palabras en tu boca,
si ya hablan nuestras manos.

Me acompañas si deseas
o te acompaño si acordamos,
pero no me pidas explicaciones
cada vez que nos amamos.

Mar de amores

Entre tú y las olas en la arena
acariciando mi piel,
no quiero elegir mi amor,
no puedo hacerlo.

Sois el mar de mi vida,
inundando mis sentidos,
despiertos por las tormentas
o la brisa que los mitiga.

Esas gotas de agua salada
resbalando por mi cuerpo
o las dulces gotas de lluvia
refrescando mi cara y mi boca.

Esos suaves besos tuyos,
dulce luz de mis desvelos.
Me estoy volviendo loca
al pensar en poder perderlos.

Prendada por tu cariño, que tanto deseo.
Libre dentro del mar que más quiero.
No me hagas elegir si conmigo
esperas vivir un amor verdadero.

La dama

Mandaban a la casa
a Blanca cada mañana.
Más trabajaba sagaz
para calmar al gañán.

Cantaba la nana,
sanaba la pata al can.
Amasaba la blanda
masa para asar pan.

Cardaba las lanas,
talaba las ramas,
lavaba las mantas
para calmar al gañán.

¡Gañán, rata acanalada!
A carcajadas allá va.
Ata a la zagala a la cama
para amarla a maldad.

Blanca, maltratada,
a la mañana va al pajar.
Harta agarra la lanza
para matar al gañán.

La dama ataja a la zagala.
«Cara pagarás la falta
tras castrar para matar.
¡Marcha salvada, marcha ya!».

La dama cansada avanza
hasta la casa para apañar.
Alada, la dama danza
tras clavar la lanza al gañán.

Acaba acá,
la trama ajada,
tantas a la par narradas.

Mi vestido verde

Viste mi vestido verde
tendido en tu tendedero,
de un salto subiste
corriendo a cogerlo.

Del viento volaba como loco,
del sol se estaba quemando,
del perfume de mi cuerpo,
recordaste cada momento.

Viste mi vestido verde
tendido en tu tendedero
y viniste acelerado creyendo
que despacio ibas a ponérmelo.

Suavemente lo acariciabas
viniendo hacia mí.
Con tu mirada me hablabas,
sintiéndome yo feliz.

Tus cálidas manos,
mi piel erizada,
en mis labios los tuyos
sin yo decir nada.

Suavemente me acariciabas
estando junto a mí,
mi cuerpo desbocado temblaba,
sintiéndote dentro de mí.

Del amor volábamos como locos.
De la pasión quemábamos los dos.
Del aroma de nuestros cuerpos
recordaremos siempre lo que nos unió.

Confieso

Podría confesar que nunca estuve allí,
al resguardo de una mentira.
Podría disimular diciendo que no te vi,
engañando a mi alma complacida.

Desmesurado me sobreexplota
el latir de mi corazón,
dejándome sin aliento.

Ahogada en el aroma de tu piel,
luchan estando cerca de ti,
insaciables mis sentimientos.

Es tu alocado pelo.
Es tu dulce sonrisa.
Son tus luceros negros
que me hipnotizan.

Es tu cálida voz.
Es tu ayuda infinita.
Son tus fuertes brazos
que me cobijan.

Eternos deseo sean los días
y las largas noches frías.
Estando siempre a tu lado,
no importa lo dura que sea la vida.

Quiero confesar y confieso
que desde que te vi, estando contigo,
ni los relojes marcan las horas
ni la desnudez de mi cuerpo se siente fría.

Quiero confesar y confieso
que jamás me perdonaría
mentir sobre este amor nuestro,
pura llama de amor encendida.

Venéreme

Deseé que él me venere
en este belvedere verde.
Deseé merecerle
desde prenderme de él.

De repente, verle presente
le embellece.
Ese ser rebelde enfrente
me estremece.

Regente en mente.
Béseme, éter
de leve lebeche.
Méceme deferente.

Me envenené de ese tren.
Desenredé el temple.
Me dejé vencer
en ese esplendente.

Desesperé en breve,
perderle es fenecer.
En este vergel se quede,
quédese él en este edén.

Eras yo

Me miré en el espejo y te vi.
Eras yo, con mis rasgos e imperfecciones.
Intentando dominar mi pelo alborotado,
este que nace desde su libertad capilar.

Aceptando las líneas que surcan la piel
de mi rostro para marcar las expresiones
del llanto y la felicidad de mi vida.

Maquillando con tonos naturales
el reflejo de mi alma cansada
por el silencio contenido.

Perfumando la máscara
que toca el día a día
sin dejar de sonreír
por exigencias del guion.

Quisiera un día
lavarme la cara con agua fresca,
dejándome el pelo al viento
y salir corriendo a la calle
sin las cadenas de mi condición.

Anhelo

Luces de colores
diluidas en el aire
que atrapan mi mirada.

Mi mirada
que queda atrapada
en las luces de colores
por el aire transportadas.

Transportadas,
prendiendo fuerte
en mi alma transformada.

Transformada
en alma enamorada
por tu amor ignorada.

Ignorada, pero llena de pasión,
siento mi quimera desbordada.
Anhelo de mi corazón,
repleto de esperanza renovada.

Amar por amor

Dime sin guardar palabra.
Dime sin cavilar más.
Cuando tú amas,
¿amas solo por alardear?

No digas falsas
historias buscando
agasajar mi corazón.

No cojas mis trocitos
destrozados, exhaustos
en cualquier rincón.

¿Soy una dama olvidada
tras no mirarme a los ojos,
ansiando tu amor?

Sin mediar palabra,
sin cavilar más.
Cogió mi mano
y a sus labios los míos unió.

Con un suspiro armonioso
escuché su voz diciéndome:
«Vida mía, por tu amor mi vida doy».

Tango

Contoneando el bandoneón
libera su música,
que a mis oídos llega
despertando mi fervor.

Tus ojos, encendidos de mí,
delatan tu verdad escondida.
Llevando el oleaje de mis curvas
en este baile, atrapadas
entre tus brazos cogidas.

Tormento y pasión
de nuestro amor extasiado,
lleno de miedos,
lleno de fuego.
Sabes que te quiero,
sabes que no debo.

Y la música que no cesa.
Y tú siguiendo mis pasos.
Y yo muriendo de deseo
arropada en tu fuerza.

Cuerpos entrelazados de desenfreno,
caminata, corte y quebrada.
Tus labios buscando los míos
y yo arrancándome mi débil coraza.

El altar de mis sueños

Su suave sonrisa me susurraba
en sueños mi nombre.
A música sonaba cada sílaba
al escuchar sus acordes.

Como pétalos de flor rosada,
sus dulces labios me acariciaban.
Mas era su intensa mirada,
vestida de verde esmeralda,
la que sutil me cautivaba.

Juntos bailábamos
entre frondosos bosques
y corríamos
sobre el mar que nos mecía.

Juntos volábamos
entre grandes nubes blancas
y nos amábamos
siempre como el primer día.

Icono de mi amor platónico.
Caballero andante,
rey de mis deseos,
ladrón de mis besos,
compañero y amante.

Ídolo de mis ojos cerrados.
Seguía conmigo, a mi lado,
para dormir abrazados
en cada sueño olvidado.

¡Despierta, ansiada,
por doquier lo buscaba!
Mas solo dormida,
en el altar de mis sueños,
junto a mí lo encontraba.

Mujer de trapo

«Te besa en la boca.
Te cruza la cara.
Te quita la ropa.
Te deja tirada.

»Y tú crees en tu culpa
sin pensar en ti.
Diciéndole «te quiero»
para dejar de sufrir.

»Despiadado sentimiento, el miedo,
ropaje de capas recubriendo tu cuerpo.
Mujer de trapo, sonámbula.
Mujer destrozada por el maltrato».

Ella se mira al espejo sin reconocerse,
se tapa el rostro para no verse,
se hunde en su desasosiego
cerrando los ojos y desfallece.

Incandescente de furia dormida,
sobrevenida despierta de su letargo.
«¡No puedo aguantar más!», se dice.
«¡No quiero dejarlo estar!», decide.

Son sus firmes palabras
que por fin pronuncia.
Aquellas que en comisaria
hablan de una merecida denuncia.

Acariciando mi piel

Acariciando suave,
con dulzura, mi piel dolorida.
Sintiendo cada poro de mi ser.

Cuidando mi corazón y mi cuerpo,
atormentados tantos años,
ingenua enamorada,
soportando su mal querer.

«¡Basta!», dije. «¡Basta!»,
aferrada a mi furia enjaulada.
Queriendo despertar
de ese sueño tormentoso
que jamás debió empezar.

«¡Basta!», dije. «¡Basta!»,
llorando ya sin lágrimas.
Atrapada en ese amor
dañino por amar.

«¡Basta!», dije. «¡Basta!».
Sus caricias eran puñales
que me atravesaban
ensangrentando mi alma
sin poderlo parar.
«¡Basta!», dije. «¡Basta!».

Acariciando suave,
con dulzura, mi piel dolorida.
No necesito verme reflejada
para sentirme libre y dueña de mi vida.

Corazón

Órgano entre óseas rejas,
disimulas tu grandeza
como si no te fuera la vida.

Sangre que corre por tus venas
de rojo o de azul vestidas,
según vayan de bajada o de subida.

Gigante de nuestro sentir
por activa o por pasiva.
Si es latir de músculo corazón
o de un amor atrapado que suspira.

Rimas

Rima I

Rozando suave mi piel me susurras al oído,
palabras entrelazadas entre tus labios y los míos.
Primavera de este amor, sin prisa no te detengas.
Calor sabor a fuego que nuestros cuerpos anhelan.

Rima II

Alas de vuelo efímero,
de colores exóticos,
de armonía dinámica,
dueñas de libertad en tu piel.

Quisiera tocarlas con sutileza
para sentirlas en mi espalda
y arrancarme ese dolor que me
sangra con amargura de hiel.

No son nuevos lamentos,
sino cicatrices antiguas,
cosidas con hilo de cuero
por un (des)amor infiel.

Rima III

Pienso en ti mientras me miras,
mientras me piensas.
Pienso en ti dormida
y despierta contigo.

Son mis pensamientos
huracán de mis deseos
por estar siempre juntos
viviendo en nosotros sumidos.

«Es que el amor de enamorados
se acaba, sin quererlo, sin saberlo…»,
me dicen, y yo, obstinada, no quiero creerlo.

Rima IV

Cuando eres la luz de mis ojos
en el alba de mi despertar,
dejo de temer perderte
al sentir que nos amamos de verdad.

Rima V

Estoy dividida entre mi soledad
y tus verdades, que no dejan de ser mentiras.

Dividida entre mi mundo lleno de espinas
y tu contagiosa alegría.

¿Cómo elegir, si muero con lo que tengo
y en remolino de vida tu veneno deseo?

Rima VI

¿Rosas de despedida para no volver?
No creí en tu mirada, ni en tu beso de hiel.
Frío en tus palabras.
¿Pensaste que con estas flores te iba a creer?

Te has llevado mi alma que confiada te entregué.
Traicionada me dejas sin alas para poder renacer.

Rima VII

Se fue el día,
te fuiste tú,
mañana nos veremos
y volverá la luz.

Rima VIII

Luz de la mañana,
bonito despertar.
Contigo a mi lado
no necesito nada más.

Rima IX

Huellas en la arena.
Marcas de un amor.
Siluetas en el aire
reflejadas por el sol.

No me olvido de ese día.
Fue el primero de pasión,
sentimiento tatuado
en mi tierno corazón.

Rima X

Es esa rosa roja
la que veo en tus cabellos,
deshojada por mis labios
tras un apasionado beso.

Es tu viva mirada
la que me domina,
espejo de tu alma
segura de sí misma.

Rima XI

Aunque el sinsentido de mi vida
revolucione mi ser,
no creas que estoy vencida.

Mi corazón late con más fuerza si cabe,
buscando esa salida en un nuevo amanecer.

Rima XII

Vine a buscar esa paz interior
que nace en la calma
de un atardecer mágico.

Pensé tantas cosas.
Recordé tantos momentos.
Y siempre estabas tú junto a mí,
como ahora.

Me susurraste al oído frases nuestras
que me hicieron sonreír,
sintiéndonos cómplices
entre miradas de una larga vida feliz.

Rima XIII

Como una flor frágil
y fuerte a la vez.
De tacto suave
y delicada piel.

De mirada azulada
y pinceladas color miel.
Cógete fuerte a mis brazos,
pues no te quiero perder.

Rima XIV

Ese verano de piña colada,
del combinado de frutas
en esa dulce copa.

De tus manos heladas,
del calor de tus labios,
de las fresas en mi boca.

Ese verano de miradas ardientes,
de querer que nunca acabe
para no volverme loca.

Rima XV

Hasta el alma amaga irónica
la fragilidad del deseo,
los susurros del silencio,
las caricias sensibles a tu voz.

Invisibles, escurridizos algoritmos
manejan la brújula de mi vida
burlando el despertar de nuestro amor.

Rima XVI

Veo en tu mirada tristeza,
melancolía, desamor.
El mundo ha perdido sentido
y ya no gira contigo.
Te ha partido en dos.

Apenas te quedan fuerzas.
Hundida en arenas movedizas
sientes hiriente ese dolor.

¡Que se vaya!
¡Que te deje!
¡Que dejes que se vaya!

Tú te mereces ser libre
y amar a quien te plazca.

Rima XVII

Siento paz, veo luz en las tinieblas de mis sentimientos.
Allí estas tú, acariciando mi pelo, besando mis labios
y cogiendo mi cintura para no desfallecer de amor.

Rima XVIII

Puñaladas al aire no marcan.
Mi cuerpo impasible, roca dolorida,
esculpida a balazos y flechas
de palabras con veneno cargadas.

«Es por amor», él, que me quiere, dice.
Es el dolor que su amor me produce.
Y después de callar tras cada batalla,
perdió su guerra al vestirme de dura coraza.

Rima XIX

¿Qué es la vida sin ti?
Un amanecer oscuro.
Un camino sin pasos.
Una vida vacía.

Rima XX
Lágrimas de sangre

Cuando ni sientes ni padeces.
Cuando te ves desnuda de alma.
Es entonces cuando ni la sangre
duele en lágrimas derramada.

Rima XXI

Suave siento la soledad de mi destino,
sinsentido, sinvivir.
Sostenida en el filo de tu olvido,
sopla brisa fresca,
fuerza de mi fuerza por sobrevivir.

Rima XXII

En el lago aquel
donde nos conocimos,
nunca encontrarás
nuestro amor perdido.

Rima XXIII

Canciones de amor.
Corazones rojos.
Sin olvidar los que lo fueron
y que ahora están rotos.

Día en la noche.
Luz en la sombra.
Vuelo de alas tocando suelo.

Lágrimas secas en sus mejillas,
dolor triste de una muerte en vida.

Rima XXIV

Quisiera eclipsar las horas
y pasear por sus minutos
como si fueran segundos en calma.

Rima XXV

Con la mirada perdida
en este atardecer
de colores platino,
en mi vida brillas.

Brillas en mi vida
como esa cristalina luz
que apacigua
mis delirios
de pensar en ti.

De pensar en ti
y de estar contigo
caminando juntos
hasta nuestro fin.

Microtextos

Lo excepcional

Contar las cosas buenas de la vida.
Contar los buenos momentos y la buena gente.
Contar…, contar es infinito.
Pero lo excepcional se puede contar con los dedos de una mano.
¡Qué hermoso es poder contar con ello!

Fotografías

La magia descalza y en silencio se apodera de los sueños.
Envolviéndolos en bonitos colores o en su nostálgico blanco
y negro.
Pinceladas de emociones avivando los recuerdos.
Al contemplar fotografías, ahora vacías, que llenaron ese hueco.

¿Un mal día de playa?

Ese día triste de mal tiempo, nublado y falto de sol intenso, pero con esa calma que te reconforta.

Contraste de paisaje melancólico y sentimiento agradable por dar tiempo al tiempo.

No hay prisa para bañarse.

No hay prisa por poner la toalla ni para tomar el sol.

No hay prisa.

Solo tiempo.

Tiempo para mirar el horizonte de ese inmenso mar y pensar en nuestros sueños.

Esos sueños que algún día podrán hacerse realidad.

Éranse una vez esos cuentos

Hoy quiero romper las palabras de los cuentos de princesas,
reinas y hadas.
Bellas doncellas entregadas a un hombre por una simple mirada.

Esas historias aprendidas de pequeñas como lección de vida.
Esas historias idealizadas, donde a la mujer no le daban otra
salida.

Hoy y siempre debemos ser princesas, reinas o hadas
al buscar nuestro camino sin tener que demostrar nada.

¡El amor!

¡Hay tantos amores!
Amores de toda la vida.
Amores para toda la vida.
Amores que no se olvidan.
Amores pasionales.
Amores fugaces.
Amores que poco a poco se apagan.
Amores que mejor olvidar.
Amores que matan.
Y entre todos ellos cientos de matices.
Quizás más de uno en un mismo corazón.
No olvidemos hacerlo latir por el **amor propio**, el nuestro.
¡Que brille de color rojo intenso con la fuerza de un huracán!

Mi sonrisa invisible (Pandemia 2020)

Tras la mascarilla se resguarda mi sonrisa *invisible*.

Solo nos queda sonreír con nuestros ojos ansiosos por ver la normalidad definitiva. Mientras, la expresamos con la mirada, sintiendo que la esperanza es lo último que debemos perder. Eso nos reconforta y nos da fuerza para seguir creyendo en ese futuro sin pandemia.

Bloqueo escritor

Hoy me quedé en blanco. No sabía qué escribir.
Los fantasmas de las letras se reían y me hacían sufrir.
Pensé: «Será que necesitaré un descanso. Será mejor dejarlo esta vez».
Me fui a mi álbum de fotos y, mirando mis recuerdos, empecé de nuevo a sonreír.

El amor de los silencios

A veces, sobran las palabras.
A veces, se habla sin decir nada.
A veces, con pequeños gestos basta.

El desorden ordenado de la naturaleza

El día le dijo a la noche si quería pasear con él.
La noche le dijo al día si quería dormir con ella.
Pero cuando uno abría sus rayos luminosos,
la otra escondía sus estrellas con su luna dormida.

Se buscaron durante la eternidad
para encontrarse en su deseo de estar juntos.
Pero era imposible encajar ese desorden de tiempos,
ordenados por su propia naturaleza.

La fuerza del mar

El mar, un lugar para recargar energía, relajarse o poder soñar.
Donde su inmenso oleaje te arrastra hasta sentirlo vibrar.

Cierra los ojos y escucha el sonido
de sus olas al romper en la arena
mientras sus aguas te bañan al caminar.

Biblioteca

Libros por todas partes, libros libres.
Libros que vuelan alto creando luz.
Millones de historias, millones de vidas,
millones de letras revueltas al fin.

Perderse en el universo de fantasía
sin miedo a quedarse allí,
sueños sentidos,
a veces sin dejarnos dormir.

Metáfora eclíptica,
grafismos en garabato alineados,
conceptos icónicos de una realidad
camuflada entre páginas para descifrar.

Encierro

Ventanas abiertas, puertas sin cerradura, caminos vacíos hacia la libertad, y él queriendo salir de su encierro.

Anclado en sus raíces sin poder andar en medio de la nada, le será imposible alejarse de su realidad.

Sus miedos, su desconfianza, su inseguridad no son grandes aliados a la fortaleza necesaria para abrir de una vez por todas los invisibles barrotes de su ansiedad.

No puedes perder algo que nunca has tenido

A veces, creemos ser parte de los sentimientos de los demás y los hacemos nuestros.

A veces nos damos cuenta de que no es tan cierto que sentían lo mismo por nosotra/os.

A veces no, siempre la verdad arranca esos lazos imaginarios.

En la oscuridad de la noche

Tiempos rápidos, acelerados, sin pensar,
olvidados tras admirar esa noche iluminada,
ignorando el negro de su oscuridad.

Momento de relajarse, de sentir la calma, de pararse para disfrutar.

El mundo volteando nuestra mente

Centrifugador de sentimientos.
Agitador de sueños perdidos.
Diplomático enmascarando la realidad.
Restos de la indiferencia humana.

Y la felicidad, tras las rejas intentando
abrirse paso entre la oscuridad de la tormenta.

Y yo, y mi mente, y mi mundo girando.
Intentando atrapar a garras abiertas la maneta
que haga parar esa ruleta rusa de la vida
y escapar volando a alas desplegadas.

Imaginación

Siente la calma, siente tu alma y deja volar tu imaginación. Aprovecha esos instantes tan preciados para reforzarte desde tu interior.

Prevención (mascarilla) Covid-19

El coronavirus nos acecha en esta pandemia.
Pongámonos el escudo protector para salvar vidas.
Es un gesto de amor a los demás y hacia uno mismo.
«Salvemos vidas si queremos seguir viviendo».

Arte - Ignorancia

El ARTE es una forma de comunicarnos.

La literatura, la pintura, la escultura, la música, el teatro, el baile y tantas formas de expresar nuestros sentimientos con el deseo de compartirlos.

A la vez que la dicha nos invade al evocarlos, llenándonos de felicidad.

Lo que une el ARTE que no lo destruya la ignorancia.

Fuerza interior

Blanca y radiante es esa flor.
Tan hermosa en su plenitud, así como la belleza de nuestra juventud.
El transcurso de la vida nos desgasta con sus avatares.
Nos pone a prueba y nuestro corazón se resiente.
Pero no lo demos todo por perdido.
Cojamos nuestros trocitos y hagamos un nuevo corazón.
Un corazón más grande, más fuerte, más nuestro.
Un corazón enérgico lleno de vida, de nuestra vida.

Lucha por tu sueño

Cuando tienes una idea que no deja de darte vueltas en la cabeza y sigue allí cada día.

No estás segura de si serás capaz de llevarla a cabo porque tienes ese miedo que conspira contra ti. Te sientes vencida y quieres dejarlo en el olvido.

Es entonces cuando tu cabeza se para y tu corazón coge más fuerza porque él sí cree en ti. Es entonces, cuando me paré y me dije:

«Inténtalo, lucha por tu sueño. Si no lo haces, lo lamentarás y te perderás la oportunidad de vivir su realidad». Con trabajo, constancia e ilusión, conseguí cumplir el mío.

Y tú, ¿crees en tu sueño?

Bonito es estar contigo junto a mí. Bonito es estar sin pedirle tiempo al tiempo. Sintiendo que la vida nos sonría en la tormenta y siempre lucirá el sol en nuestro corazón.

No desperdiciemos esos bonitos momentos, porque el tiempo pasa y ya no volverán.

Triste despedida de ese tiempo perdido, nostalgia de lo que tuvimos y no supimos valorar.

Melancólica nostalgia sin más.

Microrrelatos

Desesperación

«¿QUE ME CALME? ¿QUE ME CALME, DICES? ¡YA NO PUEDO MÁS!».

Y sin pensárselo, saltó de la barca. Las aguas se tiñeron de un azul más intenso, ondeando un suave oleaje entonando su triste canción. No supo ni quiso escuchar. No intentó salir de su bucle jamás. Tan solo quiso escapar de sus miedos y de ellos echaba la culpa a los demás.

Estación, otoño

Mediados de septiembre.

El viento con su vaivén desprendía de los árboles sus hojas ocres y rojizas. Con ellas formando un bello manto dibujaba el camino hacia la nueva estación.

El otoño despacio se acercaba a los andenes casi vacíos, donde pocas personas querían coger ese tren.

El cálido verano se alejaba dejando paso a la melancolía.

Prometiéndoles que en un tiempo él también iba a volver.

Vida de insomnio

No era un bonito amanecer. Como tantas veces, ese nuevo día arrastraba otra noche de insomnio. Por más que miraba ese sol naciente, en su interior moría su despertar.

Quiso aferrarse a los bellos colores, a la brisa marina, a la inminente luz de la mañana, pero volvió a cerrar sus ojos prisioneros de su desconsolado llanto que no supo calmar.

La noche se le hizo eterna y no volvió a despertar. Vivió en la oscuridad de su vida sin luchar por su libertad.

Horizonte perdido

En las aguas azuladas del lago vio reflejado el cielo, el verde de los árboles, la alta torre. Ese horizonte había ampliado su dimensión en sí mismo.

Ella se sintió poderosa ante la belleza y la magnitud de lo que estaba presenciando y quiso llegar hasta él. Se desvió de su camino por conseguir lo que ella ya tenía. Estaba sola y era su gran oportunidad. Cegada por su ansia se lanzó al agua para llegar lo más rápido posible, obviando que ella no sabía nadar.

Flor color paz

Admirando ese blanco inmaculado, alma en calma al mirarlo. De color serenidad, de sentirse bien y relajada mientras suena en su mente una bella canción. Cierra los ojos y baila con los brazos extendidos. Abriéndolos de nuevo, sonríe mirando los pétalos de esa blanca flor.

En ese tiempo corto pero intenso, como regalo del cielo, sanó sin buscarlo su herido corazón.

Viviendo en el mar

Me dijiste que vivías en el mar, nadando entre los peces. Que aguantabas bajo el agua mucho tiempo y que tras los cristales de tu día a día veías a cientos de niños.

Me pareció una historia increíble y tan hermosa a la vez que no creí que fuera cierta. Para que lo viera con mis propios ojos me invitaste a ver tu mundo submarino.

En aquellas aguas del Acuarium vi como amabas tu trabajo.

Entonces comprendí que amar lo que haces te lleva a sentir otra dimensión de la felicidad.

Amor tóxico

Es morir contigo y por ti.
Son las tinieblas despiertas de tu alma las que me tienen atrapada.
Son las silenciosas cadenas enroscadas en mi cuerpo, presio-
nando los latidos de mi corazón sin aliento._
¡Déjame salir de tu infierno!
¡Déjame respirar por un momento!
Solo quiero coger aire para ahogarme en mis lamentos.

La elección

Conocí a Alan este verano en la playa. Es alto, moreno, alegre, y me cautivó. A la semana me presentó a Axel, simpático, de ojos marrones y muy sexi al hablar. Al poco se nos unió Albert, divertido y bromista, también moreno y de ojos marrones.
Los tres se volcaron en atenciones conmigo y esa tarde descubrí que me estaba enamorando de los tres a la vez.
Durante meses los trillizos se divertían rivalizando entre ellos, hasta convertirse en algo más serio para mí. Son tan iguales, tan distintos, tan maravillosos que yo no puedo elegir.

En el Camino de Santiago

Una experiencia donde podemos conocer lo mejor de nosotros mismos y descubrir nuestra capacidad para conseguir lo que nos propongamos.

Oda al campo

Mirada lectora de letras,
de mil historias y sueños,
de esas vidas humanas
que no tienen dueño.

Cualquier cosa, cualquier rincón
me recuerda alguna aventura leída,
imaginándome en esa situación
siendo yo la protagonista.

En mi camino a Santiago
me paré para el descanso
y con ojos de afición
veía a mi manera el campo.

Esta oda le dediqué
a esa tierra cultivada
en líneas regulares
de brotes plantada:

«Como un libro abierto
de páginas fértiles,
de letras verdes.

»Como un libro abierto,
creciendo tus frutos,
mirándolos yo al leerte.

»Campo, porque eres campo,
aunque pareces inerte,
me llenas de vida
solamente con verte».

Peregrino

A ti te describo.
A ti me refiero.
A ti, peregrino,
que como tú
yo he sido.

No lo olvidaré
y deseo volver
a sentir en mi piel,
la sonrisa de la gente,
la complicidad afectiva,
el lenguaje común,
el sentimiento compartido,
los idiomas dispares,
el cansancio recompensado,
el único destino y al fin...

Buenos recuerdos que dan fuerza
para retomar el camino
y seguir descubriendo la esencia que une
al ser humano con la naturaleza.

Camino

Paso a paso, avanzando,
mirando el camino mientras piensas,
si puedes.
Si el dolor muscular no te detiene.

En ese momento,
alzas la vista, miras y ves
paisajes maravillosos
que dan sentido a tu esfuerzo.

Caminando, siento libertad

Mientras camino,
siento lo que me rodea,
siento el olor que me llena de vida,
siento el calor, el frío, el cansancio
y cómo mi fuerza interior brota de nuevo
para no desfallecer.

Observo y admiro el paisaje y la gente.
El paso me permite conversar
y compartir momentos inolvidables.

El destino lo dicta el corazón
y me está pidiendo volver.

Definiciones propias

Significado poético de una palabra

Actitud

El poder está en tus manos, la fuerza en tu actitud.

Adiós

Adiós es un hasta luego, a veces, con punto final.

Amistad

AMISTAD, esa mano amiga que nunca te va a soltar.

Amor

—Mamá, ¿qué es el amor?
—El amor es el alma de la felicidad.

Atardecer

Anaranjado horizonte que desvela mis sueños cuando no estoy
contigo.

Arte

Lo que une el ARTE que no lo destruya la ignorancia.

Atajo

A veces el atajo no es el camino más corto, sino la trampa más fácil para el fracaso.

Color

COLOR, esa pincelada de ti que inunda mis sentidos.

Corazón

Corazón, ese rojo de tus labios cuando me hablan de amor.

Deseo

En la vida, el deseo anula al miedo y da paso a la oportunidad.

Desesperación

Buscarte sin aliento hasta ahogarme en mi llanto si no te encuentro.

Despertar

Despertar no es solo abrir los ojos y mirar, también es sentir y ayudar a quien lo ha perdido todo.

Dolor

No son las espinas de tus palabras las que me duelen, sino el hielo de tu corazón.

Dulzura

Dulzura, ese néctar que funde mi ser al besarte.

Engaño

Engaño, esa verdad oculta con la que saliste ganado.

Expresión

Expresión, cuando una imagen vale más que mil palabras.

Ilusión

Camino que nos lleva a cumplir nuestros sueños.

Inspiración

Esa inspiración que a veces nos abandona… «Por favor, vuelve cuando me veas perdida».

La vida

«La vida, ese arte en constante creación».
Inconmensurable arte, el de la vida, en constante creación de su existencia y de la nuestra. Gracias por existir.

Libertad

Libertad es no dejar de mover las alas sin lastimar a las que están volando a nuestro alrededor, sintiéndote en la dimensión necesaria para ser feliz.

Memoria

Memoria, punto de encuentro con el recuerdo para no olvidar.

Miedo

El miedo me da miedo cuando se vuelve contra mí.

Olvido

Olvido es decir adiós para siempre.

Paciencia

PACIENCIA, la ciencia de la paz.
Esa calma que ayuda a empatizar con las situaciones complicadas.

Pasear

Pasear, esa forma de cogernos las manos sintiéndonos más fuertes que nunca.

Piel

La piel, esa línea tan fina que atrapa el deseo y lo convierte en amor.

Poesía

En la poesía, las palabras solo se organizan si ellas quieren colocarse.

Poetizar

Desgarrase el alma entre versos.

Primavera

Esa pequeña luz que lleva tus pasos a un nuevo camino.

Regalo

Regalo, esa mirada, esa caricia, ese abrazo, ese beso que nos damos sin pensar.

Soledad

La soledad, zona cero donde no te pueden hacer daño, pero donde debes quererte sin condiciones.

Sonrisa

Una sonrisa, esa línea curva dibujada en tu boca que ilumina mi vida contigo.

Soñar

Soñar despierta/os o dormida/os, pero soñar.
Porque nuestros sueños, algún día, se podrán hacer realidad.

Sucesos

Hay momentos en la vida que no deberían haber pasado, pero sin darnos cuenta, se acontecen.

Superación

Superación, esa fuerza interior que te empuja para no desfallecer.

Agradecimientos

Una gran parte de los escritos recopilados en estos últimos cuatro años, y que le han dado forma a este poemario, nacieron de mi participación en retos de poemas y microrrelatos, en recitales y micros abiertos de poesía y en publicaciones creadas para mi cuenta de Instagram, dando vida a mis emociones.

Por eso, quiero agradecer a aquellas personas de gran corazón, que me han tendido su mano desde el inicio de mi andadura en este camino en las redes sociales, compartiendo ilusiones y poetizando la vida en directo y en grandes momentos literarios:

A Cristina Gatell @cristina.gatell, Toni Gil @tonigilt, Helena Martínez @helena.m.aragon, PiterVJ @pitervj, Luis Endrino @luisendrino, Ángela Landete @lovelace.letras2, Masé Balaguer @masebalaguer, Iker García @ikersespir, Jorge Insurrección @ jorge_insurrección, Manu @me.quedo_conmigo, Carmen Kobiakova @la_zarina, Marina Talarn @marinatalarn, Sara Sancho @sarasanchocapel, Amparo Ari @amparo_ari_poesia (Montreal, Canadá), Karina Lara @azul.nocturno (Tijuana, México), Javier Garrido @javiergarrido.escritor, @sara_y_punto_, Inmi Rega @ inmirega, @asociacionentrelibrosyletras.

A Esther Fernández @estherferex y Sonia del Campo @lee.melotodo, mis almas bonitas, amigas y compañeras de colaboraciones y recitales.

De mi familia, en especial a José Manuel y Sílvia, por su apoyo incondicional. Gracias por estar a mi lado en todo momento y por ofrecerme vuestro lado crítico y afectivo.

Y gracias a ti, lector, por haber escogido *Más cerca de ti*. Deseo que la magia de la poesía haya acariciado tus sentidos.

Índice